L'ÉDUCATION
DU
MOUVEMENT

PAR

LE Dr MAURICE FAURE

A l'occasion des fêtes célébrées par la Ville de La Malou à la mémoire de CHARCOT, M. le Ministre du Commerce, Messieurs les Représentants des Ministres de l'Instruction Publique et de la Guerre, ont visité et inauguré les nouveaux établissements édifiés en vue du développement de la station de La Malou.

Que l'hommage, qui leur est fait de cette publication, perpétue le souvenir de la visite faite par eux au nouvel Institut de La Malou, le Dimanche 20 Septembre, à 10 heures.

CONFÉRENCE

SUR

L'ÉDUCATION

DU

MOUVEMENT

PAR

Le Dr MAURICE FAURE

Ancien Interne des Hôpitaux de Paris
et de la Clinique Charcot (Salpêtrière)
Ancien Stagiaire à la Commission des Eaux Minérales
de l'Académie de Médecine de Paris
Chef de Laboratoire à l'Hôtel-Dieu de Paris
Lauréat de l'Académie et de la Faculté
Médecin en chef de l'Institut de La Malou

20 Septembre 1903

Cette Conférence a été faite en présence de MM. les Docteurs :

LANDOUZY, Professeur de Clinique médicale à la Faculté de Paris ;
RAYMOND, Professeur de Clinique des maladies nerveuses à la Faculté de Paris ;
GRASSET, Professeur de Clinique médicale à la Faculté de Montpellier ;
PITRES, Professeur de Clinique médicale à la Faculté de Bordeaux ;
GAUCHER, Professeur de Clinique des maladies cutanées et syphilitiques à la Faculté de Paris ;
MAIRET, Professeur de Clinique des maladies mentales à la Faculté de Montpellier ;
CARRIEU, Professeur de Clinique médicale à la Faculté de Montpellier ;
MOSSÉ, Professeur à la Faculté de Toulouse ;
HENROT, Directeur de l'Ecole de Médecine de Reims ;
RÉGIS, Professeur de Maladies mentales à la Faculté de Bordeaux ;
NOGUÈS, Directeur de la Maison de Santé de Toulouse ;
BELINOF, Médecin d'Etat (Bulgarie) ;
BOYD JOLL, de l'Université de Londres ;
CHANTRY, Directeur de l'Institut ophtalmologique de Tournai ;
COPPEZ, Professeur d'ophtalmologie de l'Université de Bruxelles ;
DE SMET, Professeur à l'Université de Bruxelles ;
DAHL, Professeur Agrégé d'anatomie pathologique à Copenhague ;
DE VAUCLEROY, Professeur d'Hygiène à l'Ecole militaire de Bruxelles ;
VAN HASSEL, Rédacteur en chef des *Annales médico-chirurgicales* ;
DEJACE, Rédacteur en chef du *Scalpel* (Belgique) ;
GREIDANUS, Médecin de la Cour (Hollande) ;
HAFSTROM, Médecin de sa Majesté le roi de Suède ;
LEVY, de l'Institut d'Hygiène de l'Université de Pavie ;
VERGAUWEN, Directeur du Journal *Le Médecin* (Belgique) ;

En présence de Messieurs les membres du Voyage d'Etudes médicales et de la Presse médicale, réunis à La Malou le 20 septembre 1903,

Et auxquels l'Institut de La Malou fait hommage de cette publication en souvenir de cette journée.

L'EDUCATION
DU
MOUVEMENT

Messieurs,

Le but de cette conférence est d'énoncer les idées générales que nous avons été des premiers à exposer et que nous continuons à défendre, de montrer les moyens d'action que nous avons mis au service de ces idées, et les résultats qu'ils nous donnent.

Il y a fort longtemps que l'éducation du mouvement est l'objet des préoccupations des thérapeutes et des éducateurs. Les uns ont cherché à enrayer l'apparition des défauts d'attitude, de prononciation, de geste, qui peuvent frapper l'enfant d'une façon définitive; les autres ont cherché à corriger, à faire disparaître les troubles de la locomotion, de la station, de la respiration, de la phonation, etc., que des lésions du système nerveux, des muscles ou du squelette ont pu déterminer.

La thérapeutique éducatrice du mouvement est si voisine de l'éducation physique en général, qu'à chaque instant, les méthodes se confondent. En Suède, toute la gymnastique est si bien réglée, si précise, a un but si physiologique, qu'elle réunit de la façon la plus complète et la plus heureuse tous les moyens de prévenir ou de guérir les déformations motrices, et tous les moyens d'assurer, de conserver, de développer ces mêmes fonctions. Et c'est là, précisément, la double tâche de l'éducateur et du médecin. Aussi, ne peut-il y avoir de bon éducateur physique qui ne soit quelque peu médecin, ou du moins physiologiste ; pas plus qu'il ne peut y avoir de bon médecin d'éducation motrice, qui ne connaisse aussi les sports et ne soit quelque peu capable de les enseigner.

En France, la gymnastique est restée trop athlétique, et la médecine est restée trop attachée au laboratoire et à la chaire La gymnastique éducatrice ne doit pas viser à former des acrobates, mais des hommes ; et la médecine a d'autres buts que de chercher à neutraliser des virus par des toxiques.

Parler des maladies, les classer, enseigner leurs signes, est utile ; mais perfectionner l'animal humain en vue de la lutte contre la mort qu'il entreprend le jour de sa naissance, est une œuvre meilleure encore.

Depuis quelques années, ces idées pénètrent, peu à peu, dans l'enseignement pédagogique et dans l'enseignement médical français. L'enfant n'est pas seulement un cerveau : il est un être complet, auquel il faut apprendre à respirer, à digérer, à se mouvoir, dont il faut, enfin, utiliser tous les organes dans la plus large mesure, avec le minimum d'efforts et d'usure. Pour l'accomplissement de cette tâche, l'idée directrice appartient au médecin, et l'exécution échoit au pédagogue.

Celui-ci ne doit donc être ni un maître d'études trop exclusif, n'ayant en vue que le développement cérébral de son élève, ni un maître de gymnastique ignorant de la physiologie et n'ayant en vue que le développement acrobatique de son élève. L'élève, et surtout l'enfant, ne doit pas être traité dans le but de former un prodige, soit par le cerveau, soit par la force motrice. Il est un tout complet, et il n'a pas d'organe négligeable, ni de fonction accessoire.

Ainsi, les écoles de gymnastique françaises, et surtout celle de Joinville, se préoccupent actuellement de régler leurs techniques, d'accord avec l'enseignement médical[1]. Le nouveau manuel de gymnastique militaire est très nettement inspiré par ces idées. De plus en plus, les agrès, la gymnastique dans l'espace, ont un rôle réduit, et la gymnastique de plancher, les mouvements d'assouplissement, augmentant l'amplitude de la cage thoracique, le jeu des articulations, favorisant les fonctions des organes abdominaux et pelviens, y ont pris une part prépondérante.

Réciproquement, les jeux de plein air, les mouvements méthodiques, pénètrent, de plus en plus, dans les écoles d'enseignement classique. On a compris que le soin du corps était indispensable pour obtenir des caractères fermes, des intelligences saines, des esprits actifs[2] : car le plus sûr moyen d'avoir un cerveau solide est encore de se constituer

---

[1] M. le professeur DEMENY, chargé de cours à l'Ecole de Joinville, et Directeur d'un enseignement d'Education Physique fondé par la Ville de Paris, s'est efforcé, depuis 20 ans, de montrer combien l'enseignement gymnastique français était éloigné d'une éducation physique méthodique. Il a réussi à modifier, dans un sens heureux, la plupart des enseignements athlétiques, et notamment celui des Ecoles militaires et des Sociétés de gymnastique. M. le professeur DEMENY est donc un des initiateurs du mouvement considérable qui s'accomplit aujourd'hui.

[2] On sait avec quel talent le maître HUGUES LE ROUX s'est appliqué à répandre en France, par la conférence et le livre, des idées analogues à celles que nous exprimons.

un corps bien portant. De longs siècles d'une éducation trop spiritualiste, subordonnant le corps à l'esprit, opposant l'intelligence à la force physique, n'ont pu faire disparaître les traces lumineuses de la culture antique mieux équilibrée, qui, loin d'opposer le développement de l'esprit à celui du corps, faisait, de l'intelligence, une des fonctions principales de l'organisme vigoureux et pondéré.

Il suffit, en effet, d'examiner de près l'état mental des jeunes générations de ces trente dernières années pour constater que ces enfants, issus d'une race déjà décimée par une guerre terrible, élevés à l'étroit dans des logis sans air, absorbés par des études abstraites, énervés par une littérature sentimentale, ont abouti, souvent, à l'impuissance dans le domaine de l'action, et à des productions littéraires et artistiques dont le caractère morbide et la médiocrité sont évidents.

Ce n'est pas tout d'aller répétant que la dépopulation fait des progrès et que les citoyens français se désintéressent trop volontiers du repeuplement dont ils ont la responsabilité. L'effrayante mortalité infantile, qui vient des infections et des intoxications, dont les classes pauvres sont accablées ; la difficulté d'amener des enfants à l'âge adulte, alors que l'art de les élever n'est pas encore une science qu'on enseigne à tous ; le surmenage intellectuel et sensitif dont ces enfants sont la proie, parce que l'émulation et la lutte sociale se sont établies sur ce seul terrain : tout cela fait que l'effort, déjà minime, pour la repopulation, est neutralisé, et que la difficulté de développer les êtres dans ce milieu défavorable rebute ceux qui les ont conçus et qu'il faudrait encourager. Ce n'est pas tout de faire naître des enfants, ce n'est pas tout de les instruire : il faut encore les empêcher de mourir, leur apprendre à vivre et les élever ensuite dans la hiérarchie des êtres.

La tâche de l'éducateur et du médecin est de développer l'enfant, de lui enseigner à se défendre contre la maladie; elle est aussi d'apprendre aux adultes comment on améliore l'espèce.

Pour remplir cette mission, l'entente de ces deux maîtres est indispensable, parce qu'il faut unir la connaissance de la physiologie et l'intuition de la maladie qui appartiennent au médecin, à la précision de technique que l'éducateur physique professionnel peut seul avoir.

Il faut voir, dans l'enseignement gymnastique suédois, avec quel respect de la technique, avec quel soin minutieux de l'exécution est conçu et ordonné le mouvement médical. Ce qu'on demande au médecin, ce n'est pas, comme en France, la prescription, l'ordonnance, qu'on exécutera ensuite loin de sa surveillance et n'importe comment. C'est le mouvement lui-même que le malade vient demander au médecin, sachant que la vertu curative n'est pas dans le geste, mais dans la main de celui qui l'exécute.

Beaucoup d'entre nous, qui n'ont jamais appris à distinguer un mouvement d'un autre mouvement, dont l'œil n'a pas subi cette éducation spéciale qu'ont seuls les instructeurs d'hommes et ceux que leur propre goût a poussés à l'étude des sports, ne verront point quelles nuances multiples séparent le mouvement médical, exécuté par le gymnaste compétent, d'un mouvement identique, exécuté par celui que sa culture et son entraînement n'ont pas minutieusement préparé à la compréhension et à l'exécution du geste qui guérit. Et toute la question est là, cependant, car il y a entre ces deux gestes la différence d'un succès et d'un échec thérapeutiques.

Il faut que le gymnaste médical se forme une intelligence motrice qui perçoive des nuances imperceptibles à d'autres, qu'il arrive, en quelque sorte, à prolonger sa sensibilité musculaire dans le membre malade qu'il manie, et à y percevoir, à des signes inexprimables, la résistance, la faute, ou la fatigue. Ainsi, le fleurettiste habile, le chirurgien délicat, ne sentent plus vraiment au bout de leurs doigts, mais prolongent leur tact jusqu'aux limites de l'instrument qu'ils manient, et qui fait corps désormais avec leur personne.

Et cette éducation du tact n'est pas la seule indispensable : il faut encore l'éducation du geste. Le gymnaste qui donne le mouvement ou qui le démontre, doit l'exécuter avec une telle précision de technique, de telles délicatesses, qu'il puisse, dans un mouvement unique en apparence, trouver des nuances applicables à chaque sujet.

Selon la simplicité ou la complexité des cas qu'il faudra traiter, on aura recours à des techniques simples ou complexes, qui peuvent être quelquefois confiées à des gymnastes ordinaires, voire même à des machines, mais qui, le plus souvent, exigent l'intervention d'un médecin entraîné à pratiquer ces opérations. De même, dans l'exercice de la chirurgie, certaines interventions peuvent être confiées à des élèves ou à des aides, mais la plupart exigent la main de l'ouvrier ou même du maître.

La thérapeutique du mouvement est une branche de la médecine qui commence à se spécialiser nettement et qui subit la même évolution que la chirurgie. L'histoire de leurs origines est d'ailleurs semblable. Le premier chirurgien ne fut pas le médecin, mais le barbier ou le rebouteur possédant une certaine habileté manuelle et l'habitude clinique ;

de même, les premiers qui conçurent et pratiquèrent la thérapeutique du mouvement ont été, non des médecins, mais des gymnastes et des masseurs. Et de même que des médecins, et non des moindres, ont peu à peu absorbé la chirurgie, en la perfectionnant ; de même, des médecins revendiquent aujourd'hui la thérapeutique motrice et l'enlèvent aux empiriques, par la supériorité de la culture et de la technique.

Il est des cas simples, où l'intervention est élémentaire : ainsi, les raideurs, les demi-immobilisations qui succèdent au traumatisme articulaire ou juxta-articulaire. S'il y a fracture, l'immobilisation, plus ou moins prolongée, dans un appareil rigide, est de règle. Cette immobilisation diminue la douleur, mais aussi les mouvements possibles, et lorsque le malade sort de l'appareil, s'il est réduit à ses seules ressources, il ne peut recouvrer que fort lentement le jeu complet de son articulation. Ce sont des faits connus de tous. C'est dans ces cas que le massage, les mouvements passifs, rendent des services si grands que, même entre les mains de masseurs empiriques et de gymnastes d'occasion, les résultats thérapeutiques peuvent être bons. Ce sont ces cas que l'on peut aussi confier aux machines que ZANDER, et d'autres après lui, ont admirablement réglées pour accomplir la thérapeutique motrice.

Les machines sont inintelligentes, mais d'une habileté consommée, c'est-à-dire que, dans ces cas simples, où le désordre moteur est restreint, et où, par conséquent, l'indication du mouvement guérisseur est bien limitée, ces machines réussissent, en accomplissant exactement le mouvement prescrit, et rien que celui-là. C'est pourquoi les accidents du travail fournissent le recrutement ordinaire des Instituts de Mécanothérapie, et c'est pourquoi aussi, à La Malou, où les désordres moteurs sont principalement dus à des lésions beaucoup plus complexes, la machinerie ne peut être que d'un emploi très restreint.

Et, suivant que le cas est plus ou moins difficile, l'erreur ou l'insuffisance de technique se traduit, soit par un résultat incomplet, soit par un échec, soit par un résultat contraire à celui que l'on avait cherché. Voilà pourquoi, si l'intervention de quiconque, conduit et autorisé par le médecin, peut être permise dans certains cas, il en est d'autres, où seule l'intervention du médecin peut être acceptée, et d'autres encore, où le médecin ne suffit pas, et où il faut le spécialiste, comme, dans certaines opérations, il faut le chirurgien. Le mouvement curateur n'a pas, en effet, en lui-même une action inévitable, comme le cachet ou la potion renfermant le médicament ; l'action du mouvement est subordonnée à celui qui le donne, c'est-à-dire que, suivant l'opérateur, le même mouvement peut être nul, excellent, ou dangereux.

Comme type des effets incalculables qui peuvent résulter de l'application de mouvements simples bien donnés, étudions la **Gymnastique respiratoire**.

Vous savez en quoi elle consiste. Beaucoup d'enfants, d'adolescents, et même d'adultes, n'ont jamais su respirer. Les uns, parce que, depuis leur enfance, ils ont eu les fosses nasales obstruées ; les autres, parce que, pour quelque raison que ce soit, ils ont négligé d'utiliser les mouvements de leur thorax. Chez tous, l'amplitude de la cage thoracique est considérablement diminuée par rapport au volume total du corps, et les mouvements respiratoires sont restreints.

Par des exercices appropriés, et qui ont été soigneusement réglés dans l'enseignement de l'Ecole de Stockholm, on aboutit, en peu de temps, à l'utilisation plus complète, plus habile, de l'appareil respiratoire. Et, après quelque temps, cet appareil lui-même a augmenté de force, de dimensions et de rendement.

Mon collaborateur et ami, le Dr C. Reymond [1], ancien Directeur de l'Institut mécanothérapique de Genève, qui dirige ici même le Service de Gymnastique Médicale avec tant de compétence, a montré, par des mensurations très précises, exécutées sur 23 sujets, d'âges différents, pendant un traitement de 3 mois, (3 séances par semaine), que le périmètre thoracique était augmenté, en moyenne, de 3 à 4 centimètres, et la contenance du thorax d'environ 200 centimètres cubes, à la fin du traitement.

Plus important encore est le résultat suivant : à l'état normal, entre l'inspiration et l'expiration, il y a une différence de contenance thoracique, qui est, d'environ, un demi-litre, et qui correspond au courant aérien, animé du flux et du reflux. On peut concevoir que le volume de ce courant aérien est, en quelque sorte, indépendant du volume même de la poitrine. On peut imaginer un sujet ayant un vaste thorax et ne sachant pas le mouvoir assez librement pour faire de grandes différences entre la capacité à la fin de l'inspiration et la capacité à la fin de l'expiration. Réciproquement, un sujet ayant un petit thorax peut, en s'en servant habilement, faire de grandes différences entre ces deux mêmes quantités.

---

[1] Le docteur Reymond est l'auteur de plusieurs travaux sur la Gymnastique Médicale, parus dans la *Revue médicale de la Suisse Romande*, et à la *Société médicale de Genève en 1896*, qui lui ont assuré une des premières places dans l'étude documentaire des questions que nous exposons.

Eh bien, les calculs de Reymond ont établi que le volume du courant d'air, que chaque sujet fait passer dans sa poitrine par le mouvement de soufflet qu'exécute le thorax, était augmenté, environ, d'un cinquième à un quart, après 3 mois de traitement. Et, si nous cherchons à évaluer chimiquement le bénéfice obtenu par le sujet dont la capacité respiratoire a été augmentée dans ces proportions, nous constatons que ce bénéfice équivaut à l'absorption de près de 100 *litres d'oxygène, par jour*. Cet oxygène est fixé, presque tout entier, par l'hémoglobine. On sait que l'hémoglobine peut fixer beaucoup plus d'oxygène qu'elle n'en fixe dans la respiration ordinaire, et qu'en quelque sorte, plus on lui en donne, et plus elle en prend. Il est facile de s'apercevoir, en exécutant soi-même quelques mouvements de gymnastique respiratoire, qu'on ne tarde pas à ressentir une sensation particulière, analogue à celle produite par l'absorption d'un ballon d'oxygène. C'est l'ivresse oxygénique.

Or, le rôle joué par l'oxygène dans la nutrition des tissus, dans les combustions qui produisent la chaleur et le travail de l'organisme, est tellement important, que la fixation de 100 litres, en plus ou moins, par l'hémoglobine, en 24 heures, ne peut aller sans modifications profondes de la nutrition générale et du rendement de l'organisme ainsi traité.

Dans une Revue récente [1], mon distingué ami le Dr Georges Rosenthal, qui s'est spécialisé dans l'étude des affections respiratoires, attirait l'attention du public français sur l'importance des bénéfices thérapeutiques qu'une telle méthode peut donner dans le traitement de certaines affections de l'enfance. Depuis, dans un discours prononcé à l'inau-

---

[1] *Journal de Physiothérapie*, Août 1903.

guration du Dispensaire antituberculeux des 1er et 2me Arr^{ts}, Georges ROSENTHAL insistait sur les applications de la même médication chez l'adulte[1]. En 1893, DERECQ a fait intervenir, avec des succès surprenants, la gymnastique respiratoire dans le traitement des enfants tuberculeux d'Ormesson[2]. Ces faits ne peuvent plus être ignorés aujourd'hui de personne.

Supposons, par exemple, un enfant atteint de végétations adénoïdes, ou de toute autre cause d'obstruction nasopharyngée.

Il n'a jamais respiré d'une façon normale, c'est-à-dire que le volume d'air qui pénètre dans son thorax est très inférieur à celui qui devrait y pénétrer. Même si une intervention chirurgicale le débarrasse de l'obstacle mécanique, le développement de son thorax reste par la suite au-dessous de la normale, et l'amplitude de la respiration demeure inférieure à ce qu'elle devrait être. C'est dans ce cas que la gymnastique respiratoire va faire merveille, et c'est là aussi que vous pourrez vous rendre compte de l'importance, même de la nécessité d'une bonne technique gymnastique.

En effet, si cet enfant rencontre un médecin quelque peu chercheur, celui-ci pressentira le rôle que peut jouer l'exercice dans l'élevage de cet être délicat. Mais, ignorant des recherches faites presque toutes hors de France, il conseillera seulement une gymnastique ordinaire. Et le gymnaste mal instruit de son rôle véritable, enseignera des exercices acrobatiques, des pendaisons par les bras et les jambes,

---

[1] Depuis cette Conférence, Georges Rosenthal a précisé ses idées et sa technique dans un nouveau mémoire du *Journal de Physiothérapie* Nov. 1903), et dans un article des *Annales de Laryngologie* (Déc. 1903).
[2] Derecq; Voir *Revue de Rosenthal*, loc. cit.

durant lesquels l'acte respiratoire est gêné et ralenti. De la sorte, augmentant les combustions musculaires et, par conséquent, le besoin d'oxygène, sans augmenter la quantité d'air inhalé le gymnaste ira précisément à l'encontre du but qu'on lui avait proposé.

Mais, plaçons ce même enfant dans les mains de ceux qui, faisant de la culture physique le but de leurs recherches scientifiques et de leur enseignement, sauront lui indiquer les manœuvres qui, dans peu de jours, lui permettront de mieux respirer, d'augmenter la capacité du thorax, le volume d'air courant, l'oxygène absorbé, etc. Et alors, outre un changement très appréciable dans la forme du thorax et sa valeur respiratoire, nous allons voir apparaître une série de phénomènes qu'il est utile d'énumérer.

Dans ce thorax immobile et rétréci, dans ces organes torpides, toutes les infections proliféraient à l'aise. L'enfant avait des végétations adénoïdes, de l'hypertrophie des amygdales, de l'adénopathie trachéo-bronchique. Il était sujet aux angines, à la fièvre ganglionnaire, à la coqueluche; sa première jeunesse était exposée à la rougeole, aux bronchites et aux broncho-pneumonies, voire même à la diphtérie et à la scarlatine, c'est-à-dire à toutes les maladies à point de départ respiratoire. Plus tard, devenu un adolescent malingre, un adulte insuffisant, il était destiné aux coryzas chroniques, aux bronchites à répétition, peut-être à la tuberculose, et sûrement à la fatigue précoce, à l'usure rapide, à la neurasthénie et à tous les troubles qui accompagnent une mauvaise nutrition.

Mais, depuis que l'enfant a appris à respirer, toutes ces affections disparaissent, cessent de récidiver ou de le menacer et, sans sortir du domaine de la pathologie des voies respiratoires, on peut dire que l'éducation respiratoire a changé l'orientation de cette vie.

Et si nous regardons au delà de la pathologie des voies respiratoires, les résultats sont plus nombreux et plus frappants encore : les déviations du rachis, les scolioses, l'insuffisance des muscles du thorax, seront prévenues ou corrigées. L'acte respiratoire amélioré entraînera des modifications heureuses dans la structure des poumons et de la poitrine ; respirant mieux, l'enfant se nourrira davantage et pourra aborder des exercices physiques qui développeront ses muscles, fortifieront son squelette, et enrichiront tous ses organes. La consommation nouvelle d'oxygène augmente nécessairement les combustions, active les échanges, fait disparaître les déchets. Elle influe puissamment sur tous les ralentis, sur ceux qui sont issus de parents arthritiques ou goutteux, sur ceux qu'une mauvaise hygiène a conduits à des troubles de la nutrition et de l'élimination.

Chez les affaiblis, les débilités, les surmenés, surtout chez ceux dont la fatigue vient de l'abus du travail cérébral ou des sensations ; chez ceux qui ont tout subordonné à l'exercice ou à l'abus du cerveau et de la moëlle, les fonctions qui souffrent le plus sont les fonctions motrices. Sous l'influence de la fatigue cérébro-spinale, le système musculaire s'étiole, la respiration devient insuffisante, la digestion paresseuse ; secondairement, les sécrétions glandulaires se font mal, le foie, le rein, les glandes des muqueuses et de la peau remplissent incomplètement leurs fonctions. Dans ce cas, les exercices méthodiques, la gymnastique médicale, en augmentant promptement la respiration, en rétablissant la digestion, en réalisant des combustions musculaires qui débarrassent l'organisme de déchets toxiques, en produisant du travail et de la chaleur, ont vite fait de ranimer les organes affaiblis, d'élever la température et la vigueur, et de permettre, par là même, le repos et la restauration du système nerveux que la fatigue avait déséquilibré, et qui désharmonisait tout le reste.

La gymnastique des muscles de l'abdomen, des muscles lombaires, aboutit également à des modifications heureuses des fonctions digestives. Les muscles de la ceinture et du bassin, lorsqu'ils ne savent pas se contracter avec force et opportunité, amènent les ptoses viscérales, les hernies, les stases intestinales, les dilatations, les fermentations et l'empoisonnement qui en résulte. Là encore, l'influence des exercices systématiques et des manœuvres mécaniques est si sûre et si rapide, et le retentissement sur l'état général du sujet, sa santé, son humeur, si évident, que beaucoup de malades sont stupéfaits qu'on ait pu les laisser si longtemps dans l'ignorance de manœuvres si simples et si logiquement efficaces.

En résumé, de même que les exercices méthodiques prescrits par les athlètes aboutissent à augmenter, inévitablement pour ainsi dire, le volume et la force des muscles exercés [1]; de même, les exercices méthodiques prescrits par le médecin doivent aboutir à l'augmentation inévitable de la respiration et de la digestion, et à la modification profonde de la nutrition des tissus musculaires. Or, la quantité de ces tissus dans un organisme est si considérable, le rôle de leur

---

[1] SANDOW enseigne qu'il n'est pas nécessaire de naître athlète pour le devenir, et que tout individu normalement constitué peut, par l'exercice seul, aboutir au développement athlétique. SANDOW se cite lui-même comme un exemple remarquable de l'exactitude de sa théorie. Après avoir été un adolescent malingre jusqu'au jour où il a commencé à s'exercer, il est devenu, méthodiquement et volontairement, un des premiers athlètes du monde.

chimie intime si important dans la fabrication de la chaleur et de l'énergie, que l'on comprend qu'une méthode habile puisse obtenir, par l'exercice musculaire, un changement complet, physique et chimique, de l'être traité.

Le système circulatoire n'est-il pas aussi musculaire ? Les mouvements n'agissent-ils pas puissamment sur la circulation périphérique, et par conséquent sur la pression sanguine et sur le cœur ?..... Quelles modifications de l'organisme ne peut-on pas obtenir en modifiant la circulation ?

Nous ne pouvons poursuivre trop longuement l'exposé de ces idées, qui ne sont aujourd'hui qu'au début de leurs applications. Il faut lire les œuvres si remarquables de F. LAGRANGE [1], qui, le premier, apprit en France à tirer d'un mouvement localisé une action médicatrice générale, et répandit parmi nous la connaissance et le raisonnement de la thérapeutique mécanique. La voie de recherches, d'une portée impossible à prévoir, nous est ouverte. Ici même, avec la collaboration de mon distingué confrère et ami le Dr HARANCHIPY, nous avons poursuivi, avec succès, la recherche d'une technique capable de rétablir et de régler des fonctions, dont les troubles paraissent bien échapper à l'action de la volonté motrice : l'incontinence et la rétention de la vessie et du rectum ; la toux et le spasme laryngé, etc. [2].

Et si l'on peut admettre que tout le monde, pendant l'enfance, ne s'astreigne point à suivre l'enseignement athlétique qui ne doit intéresser, dans l'avenir, qu'un très petit

---

[1] Collection Librairie Alcan Lévy, boulevard Saint-Germain.
[2] *Traitement mécanique des troubles viscéraux chez les tabétiques* (Crises laryngées, Troubles de la respiration, de la digestion, de la miction, de la défécation). Communication au Congrès de Neurologie de Bruxelles, 1er août 1903.

nombre d'individus, on ne peut comprendre pourquoi personne, ou à peu près, ne se préoccupe de l'éducation de fonctions, indispensables à tous. En effet, si nous pouvons nous désintéresser, dans une certaine mesure, de la force et de l'habileté de nos bras, il est évident que l'énergie et l'activité de nos muscles respiratoires, circulatoires, digestifs, etc., sont d'une importance qui domine toute notre vie.

Plus pressant encore est le besoin des sujets qu'un accident, ou une maladie, a profondément troublés dans l'exercice d'une fonction motrice importante. Déjà, dans la première partie de cette conférence, nous avons eu à faire, plusieurs fois, allusion aux malades, aux blessés, aux infirmes. Nous allons étudier maintenant, dans la deuxième partie, comment l'éducation motrice, ou plutôt la *Reéducation* peut pallier aux pertes subies par l'organisme, ou même restaurer ses fonctions, lorsqu'une lésion les a compromises ou détruites d'une manière grave, quelquefois même considérée comme irréparable.

Les Paraplégies. — Dans un traité de pathologie médicale, la séméiologie de la paraplégie paraît simple et constante : c'est une paralysie des deux membres inférieurs, intéressant aussi, généralement, la partie inférieure du tronc, les sphincters et l'abdomen. Lorsque les muscles sont rigides, la paraplégie est dite spasmodique ; lorsqu'ils sont mous et atoniques, la paraplégie est dite flasque.

Dans la pratique, les symptômes de la paraplégie sont beaucoup plus variés. En effet, dans une paraplégie spasmodique, il peut y avoir quelques groupes musculaires flasques. Dans une paraplégie flasque, il y a des groupes musculaires plus flasques que les autres, d'où il résulte que l'action des groupes de muscles les plus forts ou les moins paralysés prédomine, et que le membre dévie dans le sens que lui commande cette action. De là, une attitude vicieuse, et, comme cette attitude est permanente, les muscles qui s'y trouvent allongés restent tels et ne peuvent plus reprendre leur dimension primitive ; les muscles qui s'y trouvent raccourcis, se rétractent et opposent une résistance invincible aux efforts faits ensuite pour replacer le membre dans une attitude normale ; dans l'articulation immobilisée par ces paralysies et ces rétractions musculaires, il se forme des adhérences, des épanchements, une véritable arthrite, à laquelle on ne peut imprimer le moindre mouvement sans douleur : cette douleur devient, à son tour, une occasion de contracture pour les muscles périarticulaires restés partiellement actifs, et cette contracture augmente encore l'immobilité et la raideur.

Enfin, de l'inaction prolongée, de l'attitude vicieuse, résultent l'atrophie musculaire, l'amaigrissement du membre, l'émaciation des tissus, et tous ces symptômes sont l'occasion d'indications thérapeutiques multiples que nous allons essayer de saisir.

Pour vaincre la contracture et le spasme, il faut employer la mobilisation méthodique par les mouvements passifs. On comprend que, tant que ces éléments ne sont pas vaincus, ou tout au moins diminués de puissance, il faut renoncer à enseigner au malade aucun mouvement utile. Il y a donc, dans le traitement des paraplégiques, une période préparatoire, pendant laquelle le malade n'a point à faire de mouvements volontaires. Durant ce temps, il reçoit du gymnaste des mouvements calculés et progressifs, dont le résultat est d'augmenter, peu à peu, l'amplitude de la mobilité articulaire.

En même temps, le massage combattra l'amaigrissement, l'émaciation des tissus; rétablira la nutrition, diminuera les douleurs et les gonflements articulaires; enfin contribuera à assouplir, à nourrir, à fortifier le membre affaibli, immobilisé, atrophié. L'électrisation, dirigée avec précautions contre les muscles paralytiques, flasques et atrophiés, ramènera peu à peu, dans ces muscles, des contractions, et y fera reparaître des fibres musculaires saines et la possibilité d'un travail efficace.

Mais supposons que cette électrisation ne soit pas élective; supposons qu'elle se diffuse dans des muscles voisins qui ont conservé une nutrition importante et qui sont contracturés; elle aura alors pour résultat d'augmenter la contracture. De même, supposons une mobilisation imprudente, ou seulement trop longue ou forte : elle va rompre des adhérences articulaires, tirailler des rétractions tendineuses, provoquer la douleur et, par conséquent, la défense musculaire, l'exagération des raideurs, et le refus du malade de continuer le traitement.

Un massage mal conduit excitera l'éréthisme musculaire, au lieu de le calmer; il meurtrira les tissus flasques, au lieu de les nourrir. Bref, sans qu'il soit possible, par la parole ou par l'écriture, de dire à quelles nuances tient le succès, ce succès est tout entier dans ces nuances du diagnostic journalier, et dans les détails de la technique qui cherche à saisir et à exécuter les ordres du diagnostic.

Lorsque le paraplégique est assoupli et fortifié, le gymnaste peut lui faire exécuter des mouvements d'amplitude suffisante. C'est alors que le malade commence à faire des mouvements volontaires, d'abord restreints et ralentis; la tâche de la rééducation est préparée, et la deuxième période du traitement du paralytique commence.

Les Hémiplégies. — J'ai dit : « du paralytique »,parce que ce que nous avons dit du paraplégique s'applique aussi à d'autres paralytiques.

L'hémiplégique, par exemple, présente exactement les mêmes troubles, mais, en outre, chez lui, plus encore que chez le paraplégique, il y a un danger à éviter : le réveil du foyer morbide.

Parfois les mouvements d'un territoire excitent les centres nerveux moteurs de ce territoire, qui réagissent à leur tour sur les centres nerveux voisins. C'est ainsi que la gymnastique, même passive, d'un membre, peut réveiller des douleurs d'origine centrale, chez l'ataxique par exemple ; comme elle peut calmer ces douleurs, momentanément, par une différence de technique et de quantité. Cette même gymnastique peut également ranimer des lésions mal éteintes, et augmenter les accidents qui en sont la conséquence. Parfois, les mouvements délicats (principalement les mouvements de la main), chez un hémiplégique contracturé, augmentent momentanément la paralysie et la contracture, par réflexe, non seulement du centre excité mais quelquefois aussi des centres voisins. Il faut donc, chez ces malades, graduer les mouvements avec précaution et tâter la susceptibilité individuelle, qui indiquera la dose et le mode opératoires.

Malgré cette difficulté, il faut mobiliser de bonne heure l'hémiplégique. Comme le paraplégique, il est, dans la pratique ordinaire, généralement abandonné à lui même, et les arthrites, surtout celle de l'épaule, les contractures de la main, les déviations du pied, sont, chez lui, précoces et graves. D'autre part, la mobilisation est quelquefois si difficile, qu'elle rebute vite le malade et le médecin. C'est assurément dans certaines formes d'hémiplégies, que la tâche de la Rééducation motrice est la plus délicate ; c'est aussi dans ce cas qu'elle est le plus complexe, car on a souvent, dans les hémiplégies droites, à reconstituer à la fois : la marche, la préhension, l'écriture et la parole.

Les Myélites diffuses. — Voici le résumé d'une observation qui peut être prise comme exemple de la multiplicité des accidents moteurs et des indications de thérapeutique motrice qu'il faut savoir saisir :

Atteint d'une myélite infectieuse, relativement légère, mais d'évolution longue et diffuse, M. X... a pu être considéré d'abord comme un paraplégique. Il avait, en effet, de véritables paralysies, des immobilisations, des attitudes vicieuses, des rétractions des muscles des membres inférieurs.

Il a pu, aussi, être considéré comme un tabétique. Il présentait, en effet, certains signes non douteux de tabès, explicables par ceci : que ses lésions médullaires avaient atteint ses racines et ses cordons postérieurs, et avaient, par suite, fait naître les symptômes du tabès.

A cet ensemble symptomatique, se joignaient des accidents d'un autre ordre : ce malade, atteint d'une ostéite tuberculeuse, avait dû subir plusieurs résections du tarse, et ces opérations avaient contribué, dans une large mesure, à amener l'ankylose des articulations tibio et médio-tarsiennes.

Au moment où il vint nous demander nos soins, M. X... était incapable de faire un mouvement jusqu'au niveau du sein, c'est-à-dire que tous les déplacements restés possibles étaient accomplis par les bras et les épaules, qui traînaient le reste du corps comme une masse inerte. Les muscles des réservoirs, le diaphragme, les muscles des parois abdominales, étaient également paralysés et le malade n'était plus maître en aucune façon, de ses besoins naturels.

Pendant 4 mois, M. X... s'est soumis à un traitement régulier : mouvements passifs, mobilisation, massage, électricité, rééducation.

Aujourd'hui, il a cessé d'être un impotent : il peut, dans son lit, dans son fauteuil, se mouvoir convenablement ; il satisfait ses besoins à peu près comme il lui convient ; il se lève, s'assied et, avec un appui, il peut marcher. Il commence même à s'aventurer seul, avec deux cannes, dans l'appartement. Au dehors, il parcourt au bras de quelqu'un une trentaine de mètres d'une seule étape. Cela est peu de chose, en apparence ; cela est beaucoup, en réalité. C'est l'indépendance relative, c'est la carrière reprise ou continuée, c'est l'espoir d'une amélioration progressive ; c'est la conscience que, loin d'être, pour les siens, une charge, un embarras sans compensations, il est un appui et une ressource qu'on peut utiliser dans le présent et escompter dans l'avenir. Et toutes ces améliorations sont survenues lentement, progressivement, en rapport direct avec l'effort thérapeutique. C'est-à-dire que les rétractions et les attitudes vicieuses ont cédé à la mobilisation méthodique ; que les atrophies musculaires ont disparu devant le massage et l'électricité ; que les mouvements volontaires enfin sont revenus pendant la rééducation. Pendant les suspensions de traitement, les résultats acquis se maintenaient, mais les progrès s'arrêtaient jusqu'à la reprise suivante.

On comprend que de pareils résultats ne peuvent pas être obtenus sans se soucier de l'hygiène et de la direction générale du traitement. L'alimentation, le sommeil, l'exercice, toute la règle de vie, doivent être soumis à une surveillance constante, et ce n'est qu'avec des malades intelligents, énergiques, disciplinés, ce n'est qu'en les plaçant dans des conditions telles que la règle de leur vie soit dans les mains du médecin, que le succès peut être obtenu.

Les Ataxiques. — L'histoire de ce malade nous servira de transition pour étudier maintenant la Rééducation proprement dite. Pour cela, le sujet de choix est l'ataxique, qui donne des résultats plus faciles, plus brillants, plus démonstratifs, plus connus aussi [1]. Il faut, pour les comprendre, chercher à nous expliquer la nature du trouble " incoordination ". Il est, d'ordinaire, assez mal compris, et il faut nous arrêter un instant, et avec quelques détails, sur ce point de physiologie pathologique.

---

[1] Les premières observations d'ataxiques ayant réappris à écrire et à marcher appartiennent à FRENKEL (*Congrès des médecins de Brême*, 1890). En France, nos premières publications sont de 1895-1896, (Leçons de M. le professeur RAYMOND, Observations de la Clinique CHARCOT publiées dans la *Presse Médicale*, par Maurice FAURE, interne du service. — Observations de HIRSCHBERG, *Bulletin général de Thérapeutique*, 1894; *Archives de Neurologie*, n° 9 et 11, 1896; — de BELUGOU, *Archives générales de Médecine*, février 1896; - Rapport de GRASSET au Congrès de Moscou, 1897, et RAUZIER, *Nouveau Montpellier Médical*, 1896). Antérieurement à nous tous (1887), DECREF, de Madrid, avait publié des observations de choréiques ayant réappris, par des procédés analogues, à corriger les troubles moteurs de leurs membres (*Revista de medecina y Cirurgia practicas*, août 1887, Madrid).

Il est impossible de dire exactement à qui appartient l'idée première de cette application de la thérapeutique motrice aux incoordonnés du mouvement. Il est probable que c'est dans les remarques faites par les malades eux-mêmes qu'il faut la rechercher. Nous devons, en tout cas, beaucoup à ces remarques, et il est très vraisemblable qu'elles ont été utilisées par bien des médecins différents, qui se sont peut-être ignorés, de très bonne foi. Il faut donc, pour établir la priorité historique, s'en référer simplement aux publications que nous venons d'indiquer, et que d'autres auteurs n'ont guère fait que reproduire depuis, mais en omettant quelquefois de les citer.

La Coordination — Chez l'homme normal, la coordination des mouvements est le résultat d'un acte cérébral. La coordination n'est pas innée. Le nouveau-né est incoordonné, parce qu'il voit mal, qu'il n'a pas la notion exacte de la forme, du volume, de la dimension, de la situation des objets dans l'espace ; parce qu'il n'a pas la perception juste de l'amplitude de ses gestes, de la portée de son effort. Le mouvement fait par lui manque le but, ou l'atteint maladroitement, en y dépensant une fatigue et un temps exagérés.

L'éducation motrice doit intervenir pour réduire ces défauts, ou les supprimer. Le plus souvent, cette éducation est inconsciente et déréglée : c'est par l'imitation simiesque, c'est par des essais répétés, et aux dépens de ses forces et de son adresse, que l'enfant s'instruit. Il y aurait un grand intérêt à le guider dans cette étude, et à lui apprendre à coordonner tous ses gestes, avec le même soin qu'on apporte à lui apprendre à coordonner certains d'entre eux. Il n'est pas moins utile, moins judicieux, d'apprendre à marcher qu'à nager, à courir qu'à monter à cheval. Il serait incontestablement plus avantageux, pour l'adolescent, d'apprendre à se bien tenir et à proportionner tous ses gestes au but qu'ils visent. p'utôt que d'apprendre le piano. Cependant, on abandonne entièrement l'enfant à lui-même pour apprendre la marche, la course, la station, alors qu'on lui donne des maîtres qui lui enseignent la natation, l'équitation, la musique, dont la plupart des individus n'auront jamais à se servir. On ne songe pas que l'enfant naît sans rien savoir, et qu'on devrait tout lui enseigner, pour lui éviter des efforts, du temps perdu et des erreurs préjudiciables. On peut concevoir une société se préoccupant d'apprendre, depuis les premiers mois de la vie, tous les mouvements à l'enfant, et, au contraire, une société qui n'en enseignerait aucun, et où tous les exercices du corps, voire même certains instruments de musique, seraient appris par tous les enfants, automatiquement, pour ainsi dire, et par imitation. Il en est ainsi, d'ailleurs, de l'équitation chez certains peuples; de la natation chez certains autres: chez ces peuples, l'enfant apprend ces exercices comme la marche, et même avant elle; cela a peut-être été vrai aussi de l'escrime, à certaines époques et dans certains milieux.

En réalité, tout peut être appris et tout doit être appris. A un âge avancé, l'homme peut encore s'appliquer, avec succès, à coordonner son action en vue de nouveaux gestes. Infirme ou malade, il fait de même. Une maladie a-t-elle détruit une fonction motrice : marche, écriture, parole ?... on peut réapprendre à marcher, à écrire, à parler, si l'on en a l'intelligence et la patience.

Quel est le mécanisme physiologique de l'éducation motrice ? Chez l'enfant, l'adulte, l'infirme, il est identique : l'élève regarde comment le geste est exécuté par le maître, et s'applique à le reproduire. Son cerveau s'habitue ainsi à diriger les contractions de ses muscles, à les mesurer, à les grouper dans un sens toujours le même, jusqu'à ce que le geste désiré soit exactement reproduit. Alors, l'habitude intervient et le rôle de l'attention et de la volonté diminue d'importance. Peu à peu, le geste devient automatique, c'est-à-dire que, sans que le sujet y pense, sans qu'il le veuille, son système nerveux commande et dirige les muscles dans le sens habituel.

On sait ce qu'est le système neuro-moteur: un groupe de cellules cérébrales qui conservent l'image motrice, la reproduction mentale du mouvement; un groupe de filets nerveux qui relient ces cellules cérébrales aux cellules motrices de la moelle, qui conservent l'énergie motrice ; encore des filets nerveux qui relient ces cellules aux muscles et commandent leurs contractions. A côté de ce système moteur, d'autres systèmes accessoires, qui apportent aux cellules cérébrales des sensations motrices, les renseignent sur la force, la durée, l'amplitude du mouvement accompli, et permettent ainsi de régler sa direction et de mesurer l'énergie nécessaire pour le mener à bien.

L'Incoordination. — Supposons qu'une lésion interrompe ce système en un point quelconque : le mouvement est supprimé. Supposons qu'un obstacle diminue ou dévie le courant qui parcourt le système neuro-moteur ; ou bien encore que l'un des systèmes accessoires qui renseignent la conscience motrice sur la force, l'amplitude, la durée du mouvement, soit altéré et donne des renseignements inexacts : le mouvement persiste, mais il est perverti.

Que faire pour rétablir le mouvement intégral ? L'expérience montre : 1° que les désordres nerveux sont souvent plus étendus que la lésion, et que, d'eux-mêmes, et par la suite, les désordres rétrocèdent quelquefois et se réduisent au minimum inévitable ; 2° que les différentes régions du système nerveux peuvent se suppléer entre elles, c'est-à-dire que, lorsque l'une d'elles a souffert et que sa fonction est compromise, une autre entre en jeu et s'efforce de la suppléer. Cette suppléance est d'abord maladroite et incomplète ; peu à peu elle devient meilleure, parce que le nouveau centre s'habitue, à son tour, à la nouvelle fonction qu'il a à remplir. Lorsqu'il y est complètement habitué, il a acquis une spécialisation nouvelle, c'est-à-dire qu'une nouvelle éducation motrice s'est faite, remplaçant l'ancienne, plus ou moins heureusement.

On voit donc que l'habitude, l'attention, la volonté, la patience, sont nécessaires au début de l'éducation motrice pour créer la coordination du geste. Une fois que le geste est coordonné, une lésion quelconque peut le compromettre, et alors, il faut qu'interviennent à nouveau l'habitude, l'attention, la volonté, la patience, soit pour rééduquer le système compromis, soit pour éduquer un système compensateur.

L'Ataxie. — Ceci dit, que se passe-t-il chez l'ataxique ? Voici la caractéristique du trouble moteur qui lui est particulier : le tabétique perd la régularité des mouvements automatiques.

A l'état normal, toutes nos fonctions motrices ordinaires s'accomplissent sans que nous y songions ; nous marchons, nous stationnons, nous accomplissons les actes nécessaires pour manger, respirer, satisfaire nos besoins physiques, sans y accorder d'attention, et si la correction, la mesure, l'élégance des gestes varient avec les individus, tous arrivent à les accomplir d'une manière suffisamment utile. Au cours du tabès, toutes ces fonctions se détraquent, et les gestes ordinaires sont remplacés par des gestes incohérents et inutiles. Mais l'ataxique reste capable de faire des mouvements réguliers sous l'influence d'une attention soutenue et d'une volonté énergique. Il lui suffit, en effet, de faire un effort, d'oublier ce qu'il croit savoir et de tendre son esprit en vue de l'exécution d'un mouvement nouveau et difficile, pour réussir, par ce moyen, à accomplir comme tel, avec régularité, un mouvement très simple, dont le mécanisme, auparavant familier, a disparu de sa mémoire.

Telles sont l'Incoordination et la Rééducation. Il faut apprendre, pour la deuxième fois, avec la même attention, la même volonté, la même patience que la première fois, les fonctions motrices que l'éducation avait rendues instinctives et spontanées. Comme l'adulte est plus docile, plus énergique que l'enfant; comme il peut utiliser quelques fragments de ses anciennes connaissances, il réapprend plus vite. D'autre part, comme il n'est plus normal, comme il n'a plus la souplesse et la richesse de l'organisme de l'enfant, il réapprend moins bien. Et le résultat auquel il arrive n'a point la perfection et la finesse des résultats que l'enfant peut obtenir.

Cette désorganisation des fonctions motrices dépasse même la limite des fonctions apprises par l'individu. Elle atteint aussi celles apprises par l'espèce, au cours de son développement. Ainsi l'effort, les mouvements respiratoires, les mouvements de la miction et de la défécation, accomplis par les muscles du thorax, le diaphragme, les muscles des parois abdominales et du périnée, sont le résultat, non pas de l'éducation de l'individu, mais de l'éducation de l'espèce. Ces fonctions sont aussi détruites chez l'ataxique, et c'est par un acte volontaire, réfléchi, calculé, qu'il doit désormais respirer, uriner, pousser, et remplir toutes ces fonctions, autrefois automatiques.

Aussi, les plus intelligents d'entre ces malades cherchent-ils d'eux-mêmes, et sans que nul leur ait jamais parlé de Reéducation, à travailler dans le sens que je viens d'indiquer. Ils s'efforcent alors, en contractant volontairement certains muscles, de suppléer par un geste nouveau, au geste habituel qui leur fait défaut; mais ils ignorent qu'un geste n'est pas dirigé par les muscles mêmes qui l'exécutent, mais par tous les autres muscles du membre, dont les contractions compensatoires et auxiliatrices modèrent, régularisent, conduisent le mouvement, que la contraction d'un seul muscle, dans un seul sens, ferait brusque et incertain. Aussi le geste compensatoire de l'ataxique, manquant de la complexité du geste normal, est-il précisément brusque et incertain. Ne pouvant plus porter en avant, par un mouvement bien réglé, le membre sur lequel il va progresser, l'ataxique le projette brutalement ; ne pouvant se rendre compte de la multitude des contractions musculaires qui, dans le bassin, la taille et le tronc, rectifient l'attitude et compensent l'équilibre instable de la marche, il lance, alternativement et rapidement, ses deux jambes à droite et à gauche, rattrapant ainsi, de l'un et de l'autre côté, son corps qui va de chute en chute.

Rééducation. — On devine quel rôle va jouer la Rééducation chez ce malade : lui faire comprendre qu'il ne doit plus jamais se laisser aller à faire un mouvement spontané et automatique, mais que tous ses gestes, même les plus instinctifs (comme la satisfaction de ses besoins naturels), doivent être exactement calculés, toujours surveillés, et réglés par des exercices préparatoires ; — lui enseigner les exercices correspondant à chacun de ses gestes , — les lui décomposer, lui en montrer le mécanisme ; — lui apprendre, enfin, cette gymnastique spéciale qui doit remplacer, par un exercice approprié et appris, tout ce qu'il faisait, autrefois, spontanément et automatiquement, et sans y songer.

Telle est la tâche de la Rééducation. En l'exposant, nous avons, par le fait même, exposé la méthode qui lui permet de l'accomplir. La variété des fonctions motrices a pour corollaire la variété infinie des exercices méthodiques. Aussi, l'énumération, l'exposé, la démonstration complète de ces exercices, n'ont-ils pu être encore faits, et les quelques exercices, publiés jusqu'ici comme des « méthodes », ne représentent-ils, en réalité, qu'une petite part de la technique qui nous est devenue nécessaire, par le fait du grand nombre des ataxiques et de la variété des troubles qu'ils présentent.

Résultats. — On connaît nos résultats[1] : sur cent ataxiques justiciables de la Rééducation, soixante et quinze, environ, sont capables de se soumettre à l'enseignement méthodique qu'elle nécessite. Tous, en effet, n'ont pas l'intelligence, la patience, l'énergie nécessaires pour accomplir une pareille tâche. Parmi ceux qui s'y soumettent, trente-deux pour cent arrivent à la restauration complète des fonctions motrices. Les autres sont plus ou moins améliorés.

Ce sont là des faits très importants. Il faut, pour obtenir ces résultats, lutter longuement et minutieusement; mais, en somme, avec moins de temps et de peine qu'on pourrait le croire. Ici, où nous réunissons, il est vrai, des conditions exceptionnelles de succès (eaux, climat, etc.), un séjour de 2 à 4 mois nous permet de donner des bénéfices considérables et définitifs, même dans des cas où les symptômes sont nombreux et variés.

En ce qui concerne les autres maladies motrices, nous n'avons point encore publié de statistique ; mais, en principe, nous pensons que les chiffres auxquels nous arriverons seront à peu près les mêmes que chez les ataxiques, avec des résultats moins démonstratifs, moins brillants, et moins solides, aussi, peut-être.

---

[1] *Résultats de la rééducation dans le traitement des troubles du mouvement.* (Statistique de l'année 1902.). — Congrès international de médecine. Session de Madrid, avril 1903. — Doin, éditeur, 8, place de l'Odéon, Paris.

En effet, outre que les résultats donnés par les ataxiques expliquent, par leur évidence, leur caractère frappant et démonstratif, le succès des premières publications sur ce sujet, ces résultats sont remarquables aussi par leur caractère définitif.

Nous suivons, actuellement, des centaines de malades, pour la plupart depuis deux, quatre, sept années, et chez aucun, le succès ne s'est démenti. Sans doute, la Reéducation n'arrête pas toujours l'évolution de l'ataxie ; sans doute, elle n'empêche pas le tabétique de contracter d'autres affections, et même de mourir de maladie ou de faiblesse ; mais, dans la grande majorité des cas, elle conserve le malade. Celui qui sait combien il doit à ce procédé thérapeutique continue à travailler, même en dehors de toute surveillance médicale, et ses progrès, bien que devenus très lents, ne cessent pour ainsi dire plus. Pendant des mois, des années, il conserve le bénéfice des exercices appris, y ajoute sans cesse, et peu à peu, se rapproche de plus en plus du mouvement instinctif et normal qu'il avait perdu et qu'il finit par retrouver, quelquefois complètement, intégralement. Si donc on peut dire que les bénéfices de la Reéducation, chez l'ataxique, varient beaucoup avec le caractère des malades et les formes de la maladie, et sont quelquefois imperceptibles et d'autres fois énormes, ils sont toujours sérieux et durables.

Aussi, le Service organisé à la Salpêtrière, pendant notre Internat dans la Clinique de M. le Professeur Raymond, n'a-t-il cessé de se développer. Après nos premières publications, en collaboration avec Frenkel [1] et Hirschberg [2], il

---

[1] Le traitement de l'ataxie par la Reéducation, *Presse médicale*, Nov. 1897. Des attitudes anormales spontanées ou provoquées par le tabès dorsal sans arthropathies, *Iconographie de la Salpêtrière*, juillet-août 1896.

[2] Le traitement des tabétiques, *Gazette des Hôp.*, 16 octobre 1897.

a fourni des matériaux d'études successivement à Leclerc, et à Riche, qui ont confirmé les premiers résultats. Depuis, sous la direction et grâce aux travaux de notre collaborateur et ami, le Dr Constensoux, ce service a acquis une activité et une importance plus considérables encore. Et la Rééducation, cessant de se limiter au traitement de l'ataxie, a étendu progressivement ses applications à un grand nombre de syndromes moteurs et doit être aujourd'hui considérée comme une méthode thérapeutique très générale [1].

Après ce que nous venons de dire, on comprend que nous puissions énoncer ce paradoxe : qu'il n'y a pas de pronostic des maladies nerveuses chroniques, parce qu'il n'y a pas de maladie nerveuse, mais seulement des lésions nerveuses. Lorsque la lésion est constituée, lorsque tous les symptômes sont apparus, le sujet n'est plus un malade, c'est un infirme. Et le pronostic de cette infirmité varie du tout au tout, suivant l'énergie du malade, son intelligence, son milieu social, ses ressources matérielles ; suivant aussi les soins de son entourage et les connaissances de son médecin.

C'est en face du pronostic fatal, qui abandonnait aux soins des infirmiers et des empiriques tant de malades chroniques, qu'il faut se placer pour juger nos résultats. Il ne faut point comparer le malade restauré par nous à l'homme normal qu'il a pu être, et dont l'idéal évoqué peut faire paraître disgracieux et débile l'homme qu'il est devenu ; c'est à la ruine qu'il fut momentanément, c'est à l'être misérable qu'il

---

[1] Voir, par exemple, les remarquables travaux de l'Ecole de Brissaud, sur les traitements des Tics et des états analogues (Meige, Feindel, etc.).

était condamné à rester qu'il faut comparer ce que nous l'avons fait. Alors nos efforts s'expliquent, et le résultat vaut la peine dépensée pour l'obtenir.

C'est à dessein que nous insistons sur les cas où les résultats sont les plus modestes. Lorsqu'il s'agit d'enfants, d'individus jeunes, nous avons des résultats bien supérieurs. Ce ne sont plus des guérisons incomplètes qu'il faut expliquer, et excuser pour ainsi dire ; c'est la transformation d'un être inférieur en un être supérieur, dont le développement pourra se faire dans des conditions telles, que toutes les ressources de son organisme seront utilisées, avec le maximum d'avantages et le minimum d'efforts.

Le médecin ne doit pas se borner à chercher des sérums et des médications héroïques qui jugulent les infections, il doit aussi, souvent, prévenir des aggravations et restaurer des ruines qu'il n'a pu empêcher. L'infirme, qui a perdu l'émission volontaire des urines et qui doit recourir, pour remplir cette fonction, à des manœuvres artificielles, risque, tous les jours, l'infection urinaire, qui est l'une des causes les plus fréquentes de la mort des paralytiques. L'incoordonné, qui ne sait plus mouvoir utilement les muscles du thorax et du cou, diminue son champ respiratoire, laisse pénétrer dans son larynx des particules alimentaires, ne peut plus chasser, par l'effort de la toux, les mucosités stagnantes qui encombrent ses bronches et risque, par l'infection inévitable des voies respiratoires, les bronchites et la tuberculose, qui sont souvent l'ultime épisode de maladies à point de départ bien différent. D'ailleurs, l'erreur du pharynx ou du larynx dans les mouvements de déglutition et de phonation, dans l'effort de la toux, peut suffire à provoquer la suffocation immédiate, qui n'est pas absolument rare dans les maladies nerveuses atteignant les nerfs bulbo-protubérantiels.

Enfin, la paresse de la digestion, la stase résultant de l'atonie et de l'incoordination des muscles abdominaux ; les troubles de la circulation résultant à la fois de la lésion des nerfs bulbaires, et de l'altération des fonctions respiratoires ; l'auto-intoxication résultant de l'immobilité, de la tristesse, de l'inanition, et plus encore, de l'altération des fonctions de la peau et des autres éliminations ; tout cela ne suffit-il pas à mettre l'infirme dans une situation telle, qu'en l'abandonnant, on prononce une condamnation à mort ?

Si, au contraire, par des séances journalières, on force ce malade à respirer, si on ranime sa circulation, si on lui apprend à tousser, à cracher, à désobstruer ses bronches et son larynx ; si, par des massages et des manœuvres convenables, on lui apprend à vider, chaque jour, sa vessie et son intestin, si on restaure ses muscles, si on mobilise ses articulations si on lui donne quotidiennement un exercice, d'abord passif, ensuite actif, qui suffira à débarrasser son organisme des déchets qui l'encombrent, à maintenir sa température, à rétablir son appétit, sa digestion, sa nutrition : on aura ainsi écarté tout danger de mort et rétabli une vie qui, si elle n'est encore ni intense ni productive, est du moins assurée et durable. On ne doutera pas de l'importance de cette tâche, si on songe que, dans la plupart des cas, les accidents que nous visons frappent des hommes en pleine vigueur, parfois jeunes encore, qu'un rendement social certain et immédiat rend bien plus dignes d'intérêt qu'un nouveau-né, dont le rendement est encore inconnu et problématique, et qui est, cependant, l'objet de soins du même genre, dont nul ne songe à contester la nécessité sociale et la valeur morale.

Ceci fait, il restera à entraîner, peu à peu, l'organisme reconstitué sur la pente d'une vie plus active, et à lui redonner, sinon son existence antérieure, du moins une activité suffisante pour lui rendre l'espoir et le goût de la vie, et voir renaître chez les siens le courage et la confiance.

Cette thérapeutique physique de l'infirme, de l'insuffisant, de l'enfant, du faible, du malade, dont nous nous efforçons de régler ici les meilleures techniques, doit avoir place à côté de la thérapeutique chimique de la maladie, et au même rang qu'elle. En développant l'enfant, en augmentant les forces de l'adolescent et la résistance de l'adulte, l'éducation motrice prévient la maladie ou guérit ses débuts insidieux, et par là se rattache à l'admirable mouvement vers l'hygiène et la protection de la race, qui est le souci actuel de tant d'esprits distingués.

Par l'aide qu'elle donne aux incurables et aux infirmes, dont elle éloigne la mort; par l'amélioration et l'allègement de leurs maux; par l'espoir d'une vie meilleure qu'elle apporte à ces abandonnés, la thérapeutique motrice mérite une place parmi les préoccupations humanitaires et les devoirs sociaux, dont l'étude est une des caractéristiques de notre temps.

Enfin, au nom des résultats admirables qu'elle donne dans tant de maladies, devant lesquelles nous étions désarmés il y a peu d'années, cette même thérapeutique peut, aujourd'hui, revendiquer sa part de l'attention publique. Comme le soin de l'enfance, espoir du capital social; comme la lutte contre la tuberculose et l'alcoolisme, défense de ce même capital, la cure de rééducation motrice, qui conserve une partie de ce capital compromis et en accroît l'intérêt, mérite la sollicitude de tous ceux que préoccupent l'amélioration de la santé publique et le rendement supérieur des forces humaines.

Messieurs,

Nous en avons assez dit pour vous montrer que le soin des infirmes, abandonnés autrefois à des garde-malades ; que la restauration des avariés, qu'on osait à peine entreprendre, il y a quelques années ; que le développement, enfin, des adolescents retardataires, qu'on laissait devenir des hommes faibles et insuffisants, sont, aujourd'hui, des thérapeutiques usuelles ici, et seront, demain, partout, des thérapeutiques classiques.

J'en prends à témoin mon Maître, M. le professeur Landouzy, devant lequel je suis heureux de dire quelle large part je lui attribue dans la genèse et l'évolution de ces idées, après que : stagiaire, externe, interne dans son service, pendant trois années, j'ai vu naître dans son esprit, et développer dans son enseignement, l'étude de la Physiothérapie dans les Stations thermales et climatériques, qui est aujourd'hui au premier rang des préoccupations des médecins soucieux d'améliorer des malades, plutôt que de classer des maladies.

J'étais votre interne, M. le professeur Raymond, lorsque les premiers succès dus à la Rééducation étonnèrent les élèves de la Salpêtrière et vous donnèrent l'occasion de montrer, une fois de plus, que tout progrès thérapeutique, essayé en dehors de France, en faveur des malades qui sont l'objet de votre spécialité, devait trouver, dans votre Ecole, l'accueil le plus large. Et comme vous nous le dites, en nous parlant tout à l'heure, au nom de la Salpêtrière, de Charcot thérapeute, vous avez, en encourageant l'œuvre dont votre élève vient d'exposer aujourd'hui les résultats, continué la tradition de Celui qui vous encourageait aussi, il y a quelques vingt ans, lorsque vous rapportiez de Russie une des premières thérapeutiques mécaniques des maladies nerveuses.

Et vous, Messieurs les Professeurs Grasset, Pitres, Gaucher, Carrieu, Mossé, Régis, Rauzier, vers qui va mon cordial et reconnaissant hommage ; — vous tous, Messieurs et chers Collègues, qui avez témoigné tant de sympathie à nos efforts, sans doute parce qu'ils peuvent contribuer, pour une part, à rénover le prestige un peu vieilli des Stations françaises que vous visitez, — vous saurez trouver, dans le succès qui nous accueille, la preuve que nos communes idées, qui commencent à être la vérité d'aujourd'hui, seront certainement la vérité de demain.

DU MÊME AUTEUR

Des Attitudes anormales spontanées ou provoquées dans le tabes dorsal sans arthropathies | en collaboration avec le docteur FRENKEL | *Iconographie de la Salpêtrière*, juillet-août 1896.

Le Traitement des Tabétiques | en collaboration avec le docteur HIRSCHBERG | *Gazette des Hôpitaux*, 16 octobre 1897.

Le Traitement de l'Ataxie par la Rééducation | en collaboration avec le docteur FRENKEL | *Presse médicale* novembre 1897.

Pronostic et Traitement du Tabès | en collaboration avec le docteur CONSTENSOUX | Société de Neurologie de Paris, février 1902 ; V. *Revue neurologique*, C. R., 15 février 1902.

Résultats de la Rééducation motrice | en collaboration avec le docteur CONSTENSOUX | Congrès de Toulouse, 1er avril 1902 ; V. *Bulletin médical*, C. R.

Théorie générale de la Rééducation motrice | 1 broch. Doin, édit., Paris, 1902, et *Bulletin de Thérapeutique*, juillet 1902.

Les Origines du Tabes, Congrès de Grenoble, 2 août 1902.

Le Massage chez les Tabétiques | en collaboration avec le docteur CONSTENSOUX | Congrès de Grenoble, 2 août 1902.

Résultats de la Rééducation dans le Traitement des Troubles du Mouvement | Congrès de Madrid, 23 avril 1903 | et 1 broch. Doin, édit.

Pathogénie, Pronostic et Thérapeutique du Tabès | en collaboration avec le docteur BELUGOU | *Revue de Médecine*, août 1903.

Traitement mécanique des Troubles viscéraux chez les Tabétiques. — Congrès de Bruxelles, 1er août 1903.

Traitement mécanique des Paraplégies spasmodiques. — Congrès de Bruxelles, 1er août 1903.

Pathogénie et Pronostic du Tabès. — Congrès de Bruxelles, 1er août 1903.

Résultats du Traitement antisyphilitique chez les Tabétiques. — Congrès de Bruxelles, 1er août 1903.

Contribution à l'Anatomie pathologique de la Psychose polynévritique et de certaines formes de Confusion mentale primitive | en collaboration avec le professeur Gilbert BALLET | *Presse médicale*, 30 novembre 1898.

Sur deux nouveaux cas de Troubles mentaux toxi-infectieux avec Lésions cellulaires cérébrales. - Société de biologie, 3 juin 1899.

Le Délire dans les Maladies aiguës | en collaboration avec le docteur DESVAULX | *Médecine moderne*, 16 août 1899 et 1 broch. RUEFF, édit., Paris.

Sur les Lésions cellulaires corticales observées dans 6 cas de Troubles mentaux toxi-infectieux. — *Revue neurologique*, 30 décembre 1899.

Sur un Syndrome mental fréquemment lié à l'Insuffisance des fonctions hépato-rénales. — Thèse, 2 juillet 1900, Paris et 1 vol. 200 pages, RUEFF, édit. Paris.

Fréquence des Lésions hépatiques dans les cas de Délire au cours des Maladies infectieuses. — Congrès de Paris, 2 août 1900, et *Médecine moderne*, 30 janvier 1901.

Sur la Physionomie et la Progression de certaines Lésions corticales accompagnant les Accidents mentaux des Maladies générales | en collaboration avec le docteur LAIGNEL-LAVASTINE | Congrès de Paris, 2 août 1900. — Congrès de Limoges, 7 août 1901.

Rapport entre les Troubles mentaux et l'Insuffisance fonctionnelle du Foie | Folie hépatique | Congrès de Toulouse, 1er avril 1902.

Sur l'Epilepsie tabagique expérimentale | en collaboration avec le professeur Gilbert BALLET | Société de Biologie, 11 février 1899.

Attaques épileptiformes produites par l'Intoxication tabagique expérimentale | en collaboration avec le professeur Gilbert BALLET | *Médecine moderne*, 15 février 1899.

L'Epilepsie et les Délires toxiques | Mémoire récompensé au Concours HERPIN, 1899 — Déposé à l'Académie de Médecine le 28 février 1899. | Inédit.

Un cas d'Epilepsie d'origine hépatique | en collaboration avec le professeur Gilbert BALLET | Congrès de Toulouse, 1er avril 1902.

Intoxication expérimentale aiguë et chronique par l'Alcool et l'Absinthe | en collaboration avec le professeur Gilbert BALLET | Congrès de Toulouse, 1er avril 1902.

Les Poliomyélites | Revue générale | *Gazette des Hôpitaux*, 8 octobre 1898.

Lésions cellulaires dans la Maladie de Parkinson | en collaboration avec le professeur Gilbert BALLET | *Revue neurologique*, octobre 1898.

Atrophie des grandes Cellules pyramidales dans la zone de l'Écorce cérébrale après la section expérimentale des fibres de projection, chez le chien | en collaboration avec le professeur Gilbert BALLET | *Médecine moderne*, 29 mars 1899.

Sur les Lésions des Cellules pyramidales après la Section de leur Prolongement | en collaboration avec le professeur Gilbert BALLET | *Société médicale des Hôpitaux*, 24 mars 1899 |

Sur la Recherche des Microbes dans le Cerveau, le Liquide céphalo-rachidien, le Sang, dans 200 cas de Troubles mentaux ou nerveux | en collaboration avec le docteur LAIGNEL-LAVASTINE | Congrès de Limoges, 7 août 1901.

Étude histologique de l'Écorce cérébrale dans 18 cas de Méningite | en collaboration avec le docteur LAIGNEL-LAVASTINE | Congrès de Grenoble, 2 août 1902.

La Cellule nerveuse et le Neurone ; Structure et Fonction à l'État normal et pathologique | Revue générale | *Gazette des Hôpitaux*, 29 juillet 1899.

Physiologie et Pathologie de la Glande thyroïde | Mémoire pour le Concours des prix de la Faculté, 1895 | Inédit.

Étude sur le Goître exophtalmique | Revue générale | *Gazette des Hôpitaux*, 4 juillet 1896.

Étude sur le rôle du Corps thyroïde en thérapeutique | Revue générale | *Gazette des Hôpitaux*, 8 août 1896.

Une Observation de Maladie de Basedow mortelle avec coexistence de Myxœdème. *Presse médicale*, 23 septembre 1899.

L'emploi de la Sérothérapie artificielle pour le Diagnostic précoce de la Tuberculose et pour le Traitement des Tuberculeux confirmés. — *Archives de Thérapeutique clinique*, décembre 1898 et janvier 1899.

États rhumatismaux et névropathiques secondaires à la Grippe, et leurs Rapports avec des Infections persistantes du Nasopharynx. — Sérothérapie. — *Médecine moderne*, 14 avril 1900 et une broch., RUEFF, édit., Paris.

Persistance d'Infections nasopharyngées à la suite de la Grippe et leurs Complications rhumatismales et névropathiques — *Société médicale des Hôpitaux*, 27 avril 1900.

Un cas de Maladie de Raynaud (en collaboration avec le Dr RÉNON et le Dr Marcel LABBÉ). — *Société médicale des Hôpitaux*, 1898.

Action d'une Cure hydrothermale sulfureuse sur la Richesse du Sang en Hémoglobine, et l'emploi de Cures analogues dans le Traitement des Anémiques. - *Société d'Hydrologie* 19 avril 1899. — *Médecine moderne*, 19 avril 1899. — *Archives générales d'Hydrologie*, mai 1899.

La Cure de Saint-Sauveur | Rapport à l'Académie de médecine, 1898 | *Annales d'Hydrologie*, 17 avril 1899 et un vol. NAUD, éd., Paris.

Néris, ses Eaux, ses Malades | Rapport à l'Académie, 1899 | *Archives générales d'Hydrologie*, 1900, et un vol. MALOINE, Paris.

Rapport à l'Académie sur les Eaux de La Malou et le Traitement des Tabétiques | Ouvrage couronné, 1900 | Inédit.

MONTPELLIER. — IMP. DELORD-BOEHM ET MARTIAL.

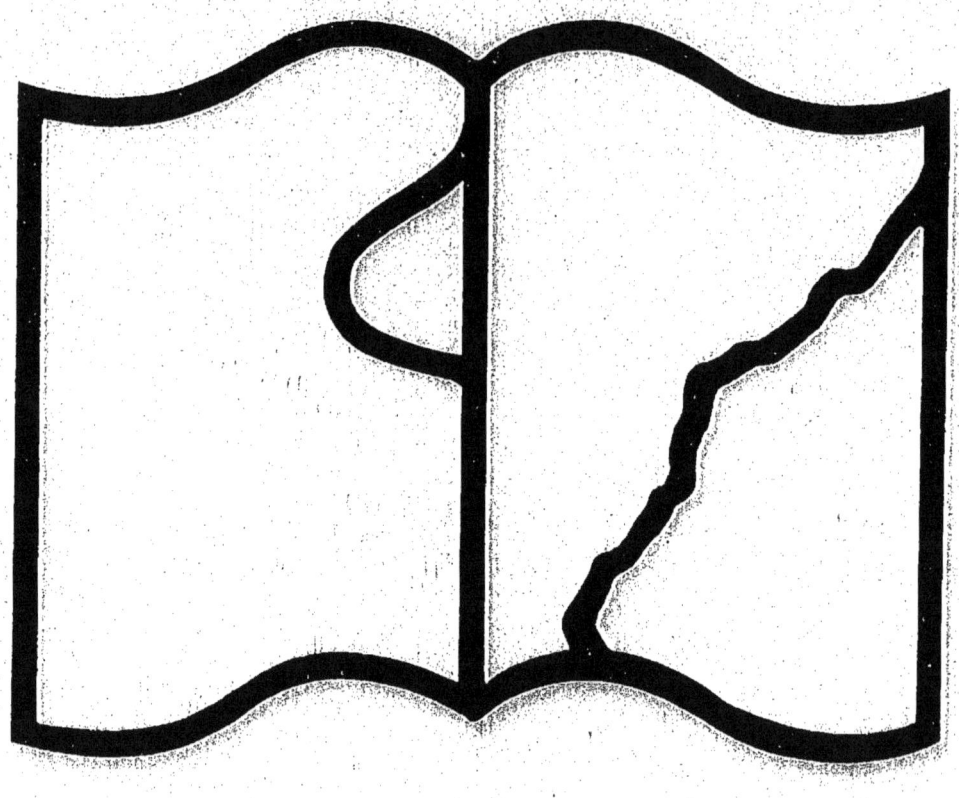

Texte détérioré — reliure défectueuse
NF Z 43-120-11

www.ingramcontent.com/pod-product-compliance
Lightning Source LLC
Chambersburg PA
CBHW070711050426
42451CB00008B/599